Impressum
Verlag: BABADADA GmbH, Nedderfeld 112 , 22529 Hamburg
Geschäftsführer / Verlagsleitung: Harald Hof
Druck: Books on Demand GmbH, In de Tarpen 42, 22848 Norderstedt

Imprint
Publisher: BABADADA GmbH, Nedderfeld 112 , 22529 Hamburg, Germany
Managing Director / Publishing direction: Harald Hof
Print: Books on Demand GmbH, In de Tarpen 42, 22848 Norderstedt

sukuu
school

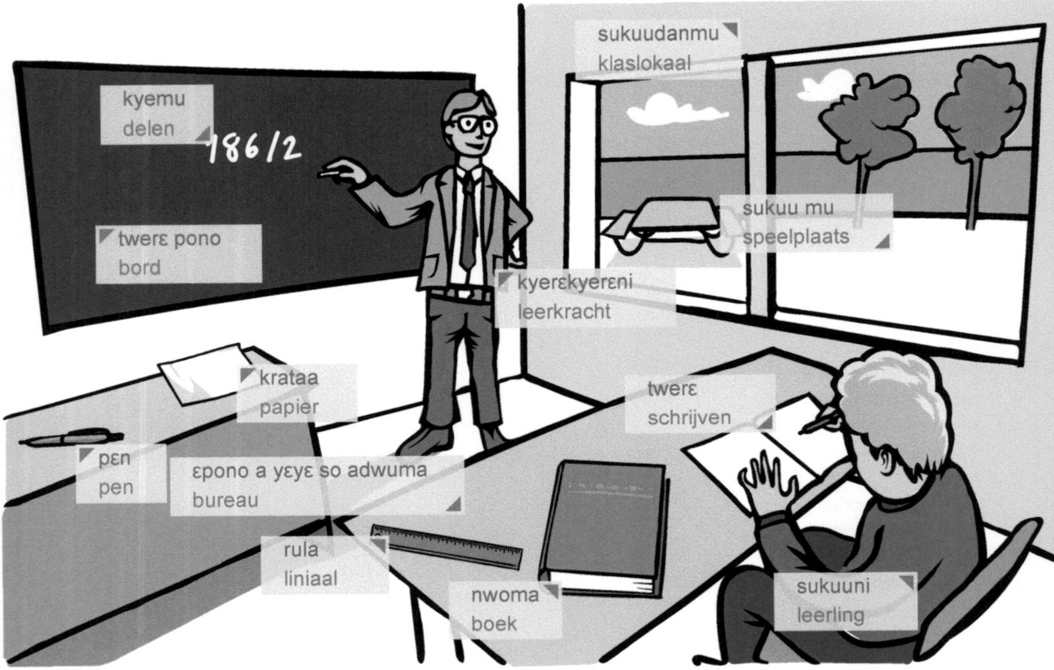

sukuudanmu
klaslokaal
kyemu
delen
186/2
twerɛ pono
bord
sukuu mu
speelplaats
kyerɛkyerɛni
leerkracht
krataa
papier
twerɛ
schrijven
pɛn
pen
ɛpono a yɛyɛ so adwuma
bureau
rula
liniaal
nwoma
boek
sukuuni
leerling

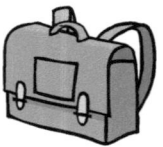

baage

schooltas

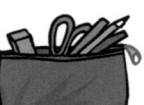

twerɛdua konko

pennenzak

twerɛdua

potlood

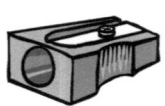

deɛ yɛde sensen twerɛdua ano

puntenslijper

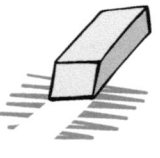

rɔba

gom

krataa a yɛdwi adeguso

tekenblok

adedwie

tekening

penti brɔhye

verfborstel

penti adaka

verfdoos

apasoɔ

schaar

aman

lijm

nwoma a yɛyɛ mu adwuma

werkboek

efie adwuma

huiswerk

nɔma

nummer

kabom

optellen

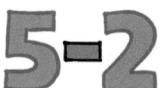

te fri mu

aftrekken

mmɔho

vermenigvuldigen

sese

rekenen

lɛtɛ

letter

ntwerɛeɛ

alfabet

asɛmfua

woord

ntwerɛdeɛ

tekst

kenkan

Lezen

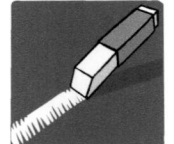

kyɔk

krijt

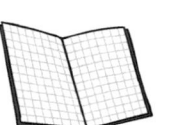

adesua

les

twerɛ wo din

klassenboek

nsɔhwɛ

examen

abodinkrataa

certificaat

sukuu ataadeɛ

schooluniform

adesua

onderwijs

nyansa nwoma

encyclopedie

suapɔn

universiteit

maakroskop

microscoop

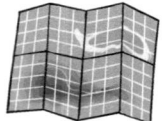

map

kaart

kɛntɛn a yɛde krataa nwura gu mu

papiermand

4

ahɔhogyebea
hotel

Grand

hostɛl
jeugdherberg

ROOMS

baabi a yɛ sesa sika
wisselkantoor

EXCHANGE

potomanto
koffer

kaa
auto

kasa

Taal

aane / dabi

ja / nee

Yoo

oké

hɛlo

hallo

kasa asekyerɛfoɔ

vertaler

Medaase

bedankt

...boɔ yɛ sɛn?

Hoeveel kost …?

Me nte aseɛ

Ik begrijp het niet

ɔhaw

probleem

Maadwo!

Goedenavond!

Maakye!

Goedemorgen!

Dayie!

Goedenavond!

baibai o

Tot ziens

akwankyerɛ

richting

wo nneɛma

bagage

botɔ

zak

akyirebotɔ

rugzak

ɔhɔhoɔ

gast

danmu

kamer

botɔ a yɛda mu

slaapzak

ntomadan

tent

nsɛm dema wɔn a wɔkɔ
nsrahwɛ

toeristeninformatie

mpoano

strand

kaade a yɛde yi sika

kredietkaart

anɔpa aduane

ontbijt

awua aduane

lunch

anwumerɛ aduane

avondeten

tiket

ticket

pegya

lift

stamp

postzegel

ɛhyeɛ so

grens

kutɔmfoɔ

douane

embasi

ambassade

visa

visum

passpɔt

paspoort

akɔneabadie

transport

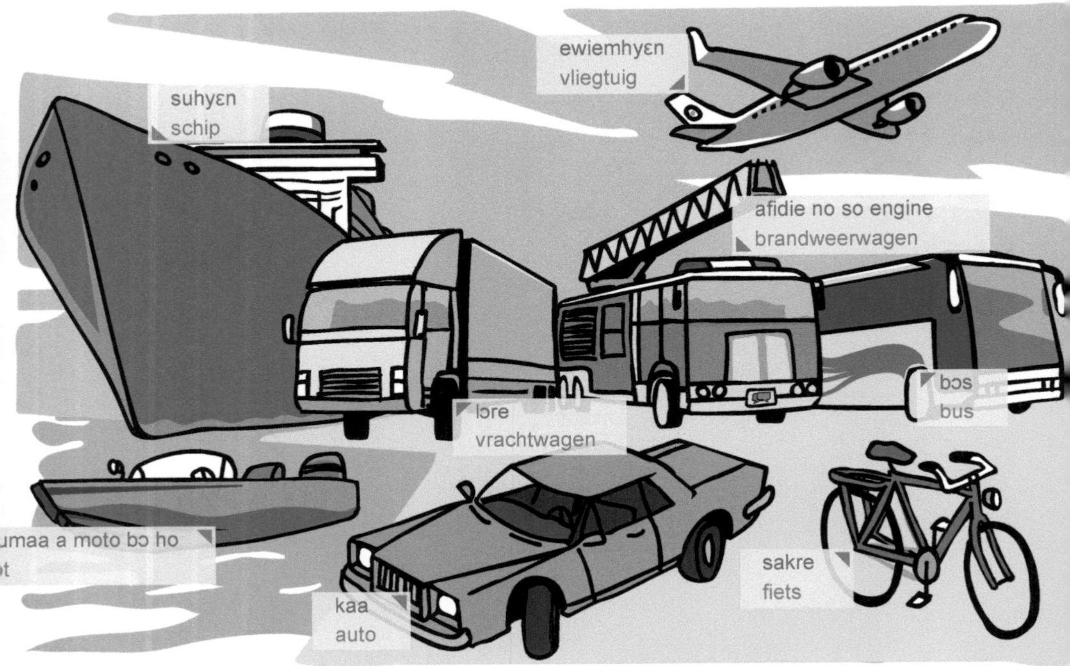
ewiemhyɛn
vliegtuig
suhyɛn
schip
afidie no so engine
brandweerwagen
lɔre
vrachtwagen
bɔs
bus
maa a moto bɔ ho
sakre
fiets
kaa
auto

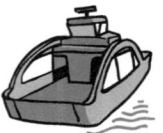

hyɛma

veerboot

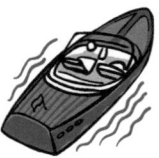

suhyɛn kumaa

boot

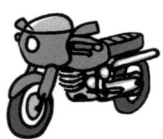

motosakre

motor

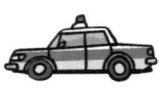

polisifoɔ kaa

politiewagen

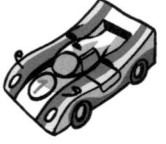

kaa a ɛkɔ mirika akansie

racewagen

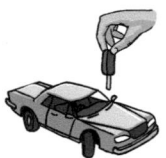

kaa a yɛde ma ahan

huurauto

wɔre kyɛ kaa

carpoolen

lɔre a asɛeɛ

sleepwagen

bɔɔla kaa

vuilniswagen

moto

motor

pɛtro

benzine

baabi a yɛbu pɛtro

benzinestation

trafik ahyɛnsodeɛ

verkeersbord

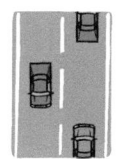

trafik

verkeer

trafik akye

file

baabi a yɛde kaa esi

parkeerplaats

keteke gyinabea

station

keteke kwan

sporen

keteke

trein

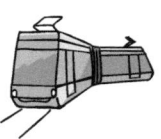

tram

tram

ponkɔ kaa

wagon

helikopta
helikopter

ewiemhyɛnbea
luchthaven

abansoro
toren

apasingyani
passagier

tontowa
container

adaka
karton

kaate
kar

kɛntɛn
mand

atu / asi fam
opstijgen / landen

kuro kɛseɛ
stad

akurase
dorp

kuro dwaberɛ mu
stadscentrum

efie
huis

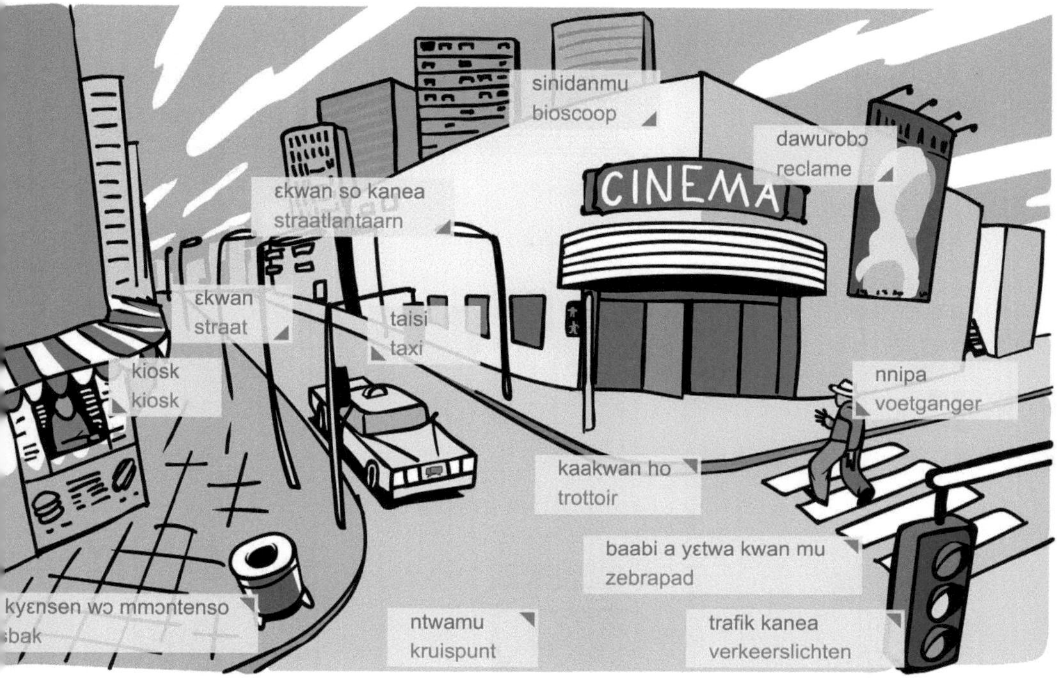
sinidanmu
bioscoop
dawurobɔ
reclame
ɛkwan so kanea
straatlantaarn
CINEMA
ɛkwan
straat
taisi
taxi
kiosk
kiosk
nnipa
voetganger
kaakwan ho
trottoir
baabi a yɛtwa kwan mu
zebrapad
kyɛnsen wɔ mmɔntenso
bak
ntwamu
kruispunt
trafik kanea
verkeerslichten

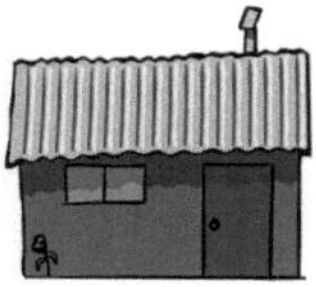

apata

hut

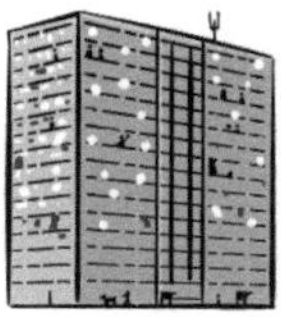

efie

woning

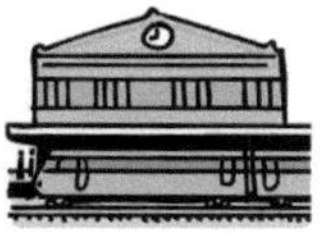

keteke gyinabea

station

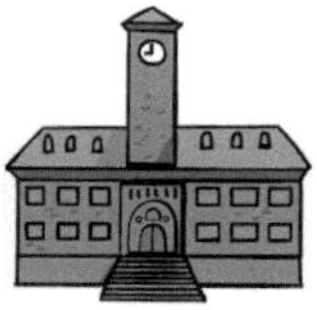

adwaberɛm

stadshuis

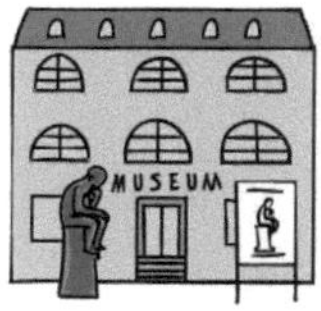
MUSEUM

bea a yɛ kora tete nneɛma

museum

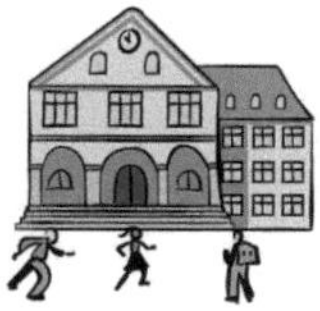

sukuu

school

suapɔn

universiteit

sikakrobea

bank

ayaresabea

ziekenhuis

ahɔhogyebea

hotel

famasi

apotheek

asoeɛ

kantoor

sotɔɔ a wɔtɔn nwoma

boekwinkel

sotɔɔ

winkel

baabi yɛtɔn nhwiren

bloemenwinkel

sotɔɔpɔn

supermarkt

edwam

markt

sotɔɔ kɛseɛ

warenhuis

baabi a yɛtɔn mpataa

vishandelaar

dwadibea kɛseɛ

winkelcentrum

suhyɛn gyinabea

haven

baabi kaa gyina
park

bɛnkye
bank

ɛtwene
brug

atwedeɛ
trap

asaase ase
metro

ɛbɔn
tunnel

baabi a bɔs gyina
bushalte

nsanombea
bar

adidibea
restaurant

lɛta adaka
brievenbus

ɛkwan so akwankyerɛ
straatnaambord

baabi kaa gyina ho mita
parkeermeter

zoo
zoo

nsuo a yɛ dware mu
zwembad

nkramodan
moskee

afuo
boerderij

dεɛ egu mmɔnten so fi
milieuverontreiniging

asieɛ
kerkhof

asɔre
kerk

agodibea
speelplaats

asɔre dan
tempel

mmɔnten so asiesie
landschap

ahaban
blad

sanbɔd
wegwijzer

kwan
weg

asaase a εsere wɔ so
weide

boba
steen

ɔnantefoɔ
wandelaar

dua
boom

asubɔnten
rivier

εserε
gras

nhwiren
bloem

amenamu

vallei

bepɔ

heuvel

tadeɛ

meer

kwaeɛ

bos

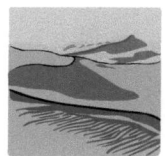

ɛserɛ so

woestijn

egya a efri botan mu

vulkaan

abankɛseɛ

kasteel

nyankontɔn

regenboog

emere

paddenstoel

abɛtene

palmboom

ntomntom

mug

tu

vlieg

ntɛtea

mier

wowa

bijl

ananse

spin

amankuo

kever

apɔnkyerɛni

kikker

opuro

eekhoorn

apɛsɛ

egel

adanko

haas

patuo

uil

anomaa

vogel

nsuo mu dabodabo

zwaan

kɔkɔte

wild zwijn

adoa

hert

ɔtweenini

eland

dam

dam

wind turbine afidie

windturbine

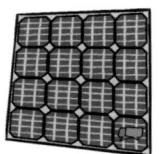

afidie a ɛkye awia

zonnepaneel

wiem nsakraeɛ

klimaat

ɔsom adidieɛ
ober

aduane a ɛwɔ hɔ
menu

akonwa
stoel

nkwan
soep

pisa
pizza

ntoma a ɛse pono so
tafelkleed

ntere a yɛde didi
bestek

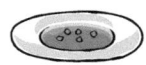

mprampra anom

voorgerecht

aduane no ankasa

hoofdgerecht

mpa anom

nagerecht

nsa

drankjes

aduane

eten

toa

fles

aduane hyewhyew

fastfood

abɔnten so aduane

street food

tii kukuo

theepot

asikyire konko

suikerpot

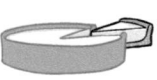

wo kyɛfa

portie

espresso afidie

espressomachine

akonwa tenten

kinderstoel

wo ka

rekening

apanpan

dienblad

sekan

mes

adinam

vork

atere

lepel

atere ketewa

theelepel

napkin a yɛde pepa ano

serviette

glase

glas

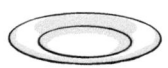

prɛte
bord

kwan kyɛnsee
soepbord

prɛte ketewa
schoteltje

abomu
saus

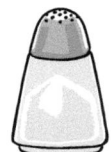

nkyene kukuo
zoutvatje

yɛde yam mako
pepermolen

fenega
azijn

anwa
olie

aduhwam
kruiden

kɛkyɔp
ketchup

mustad
mosterd

mayones
mayonaise

sotɔɔpɔn

supermarkt

ntesoɔ soronko
aanbieding
FOR
adetɔfoɔ
klant
nanatwie nufusuo
zuivelproducten
aduaba
fruit
hwiili
winkelwagen

BUTCHERS

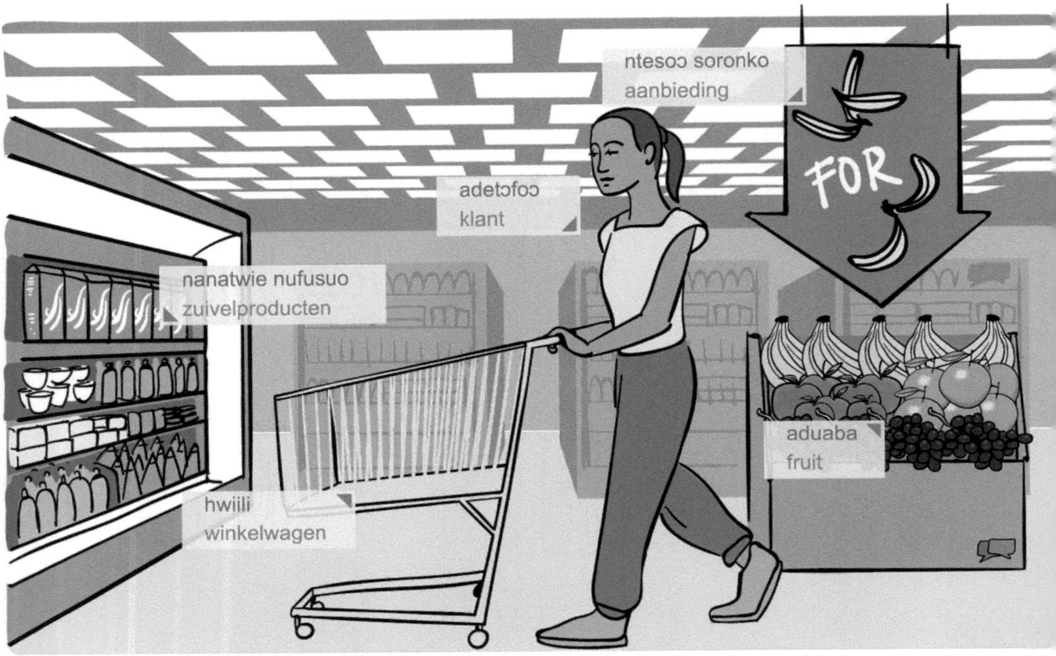

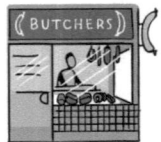

baabi a yɛtɔn nam

slagerij

BAKERY

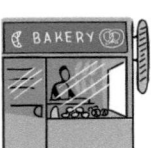

baabi a yɛtɔn paano

bakkerij

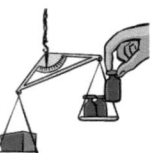

susu

wegen

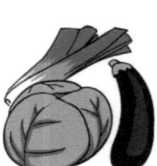

atosodeɛ

groenten

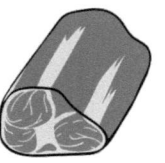

nam

vlees

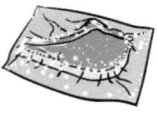

frigyemu aduane

diepvriesvoedsel

nam a adwoɔ

charcuterie

kyɛnsee mu aduane

conserven

paoda samena

waspoeder

adedɔkɔdɔkɔ

snoep

efie nneɛma

huishoudproducten

adetɔneɛ a yɛde pepa fin

schoonmaakproducten

nnipa a ɔtɔn adeɛ

verkoopster

afidie a egye sika

kassa

ɔgyegye sika

kassier

krataa a wodi rekɔ di dwa

boodschappenlijstje

berɛ a wɔde bua

openingstijden

sikabotɔ

portefeuille

kaade a yɛde yi sika

kredietkaart

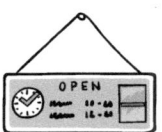

baage

tas

rɔba baage

plastieken zakje

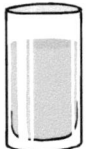

nsuo

water

aduaba mu nsuo

sap

nufusuo

melk

kok

cola

wain nsa

wijn

biya

bier

mmorosa

alcohol

kokoo

cacao

tii

thee

kofe

koffie

espresso

espresso

kapukyino

cappuccino

kwadu

banaan

apol

appel

ankaa

sinaasappel

melon

meloen

akutoɔ

citroen

karɔt

wortel

garlik

knoflook

pampro

bamboe

gyeene

ajuin

mmere

champignon

nkateɛ

noten

talia

noodles

spageti

spaghetti

ɛmo

rijst

salad

salade

kyipis

frieten

abrɔdwomaa a y'akye

gebakken aardappelen

pisa

pizza

hambɔga

hamburger

sanwekye

sandwich

nam a dompe nnim

kalfslapje

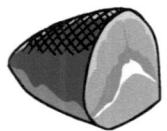

preko nam

ham

nam a y'ahata

salami

sɔsege

worst

akokɔ

kip

toto

braden

apataa

vis

oosu koko

havervlokken

muesli

muesli

konflese

cornflakes

esam

bloem

krossant

croissant

paano a y'abobɔ

pistolet

paano

brood

paano a y'atoto

toast

biskete

koekjes

bɔta

boter

nufusuo a ada

kwark

keeke

taart

kosua

ei

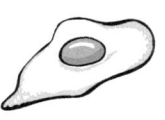

kosua a y'akyeɛ

spiegelei

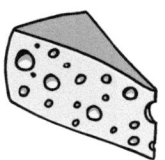

kyiis

kaas

asskrim

ijs

asikyire

suiker

ɛwoɔ

honing

gyaam

confituur

kyokolete

choco

kɔri

curry

afuo

boerderij

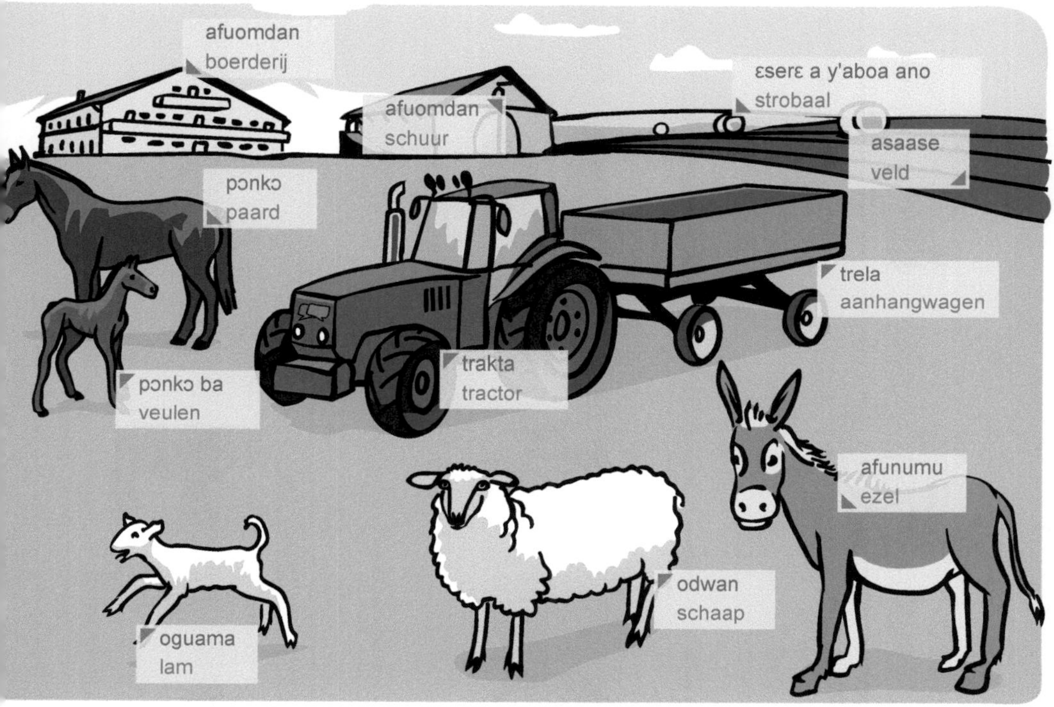
afuomdan
boerderij
afuomdan
schuur
ɛserɛ a y'aboa ano
strobaal
asaase
veld
pɔnkɔ
paard
trela
aanhangwagen
trakta
tractor
pɔnkɔ ba
veulen
afunumu
ezel
odwan
schaap
oguama
lam

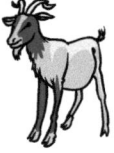

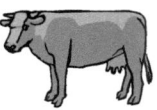

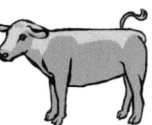

apɔnkye

geit

nantwie

koe

nantwie ba

kalf

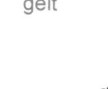

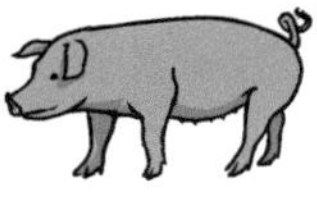

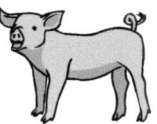

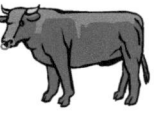

prɛko

varken

prɛko ba

biggetje

nantwinini

stier

dabodabo nua

gans

dabodabo

eend

akokɔba

kuiken

akokɔbedeɛ

kip

akokɔnini

haan

kusie

rat

ɔkra

kat

akura

muis

nantwinini

os

kraman

hond

kraman buo

hondenhok

afuom drobɛn

tuinslang

tontora a yɛde gu nsuo

gieter

sekan a yɛde twa aburo

zeis

funtum dadeɛ

ploeg

kontonkrɔ

sikkel

asɔ

schoffel

afuom adinam

hooivork

akuma

bijl

hweebaro

kruiwagen

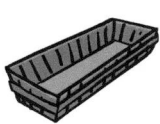

adidika

trog

nufusuo konko

melkkan

botɔ

zak

ɛban

hek

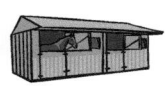

ponkɔ dan

stal

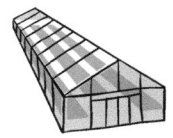

ntomadan a yɛyɛ mu afuo

broeikas

anwea

bodem

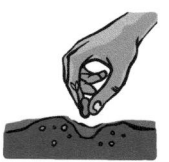

aba

zaad

ɔyɛ asaaseyie

mest

otwaberɛ trakta

maaidorser

twa

oogsten

otwaberɛ

oogst

bayerɛ

yam

ayuo

tarwe

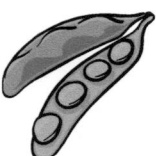

soya

soja

abrɔdwomaa

aardappel

aburo

maïs

repu aba

koolzaad

dua a ɛso aba

fruitboom

bankye

maniok

aburo asefoɔ

graan

efie
huis

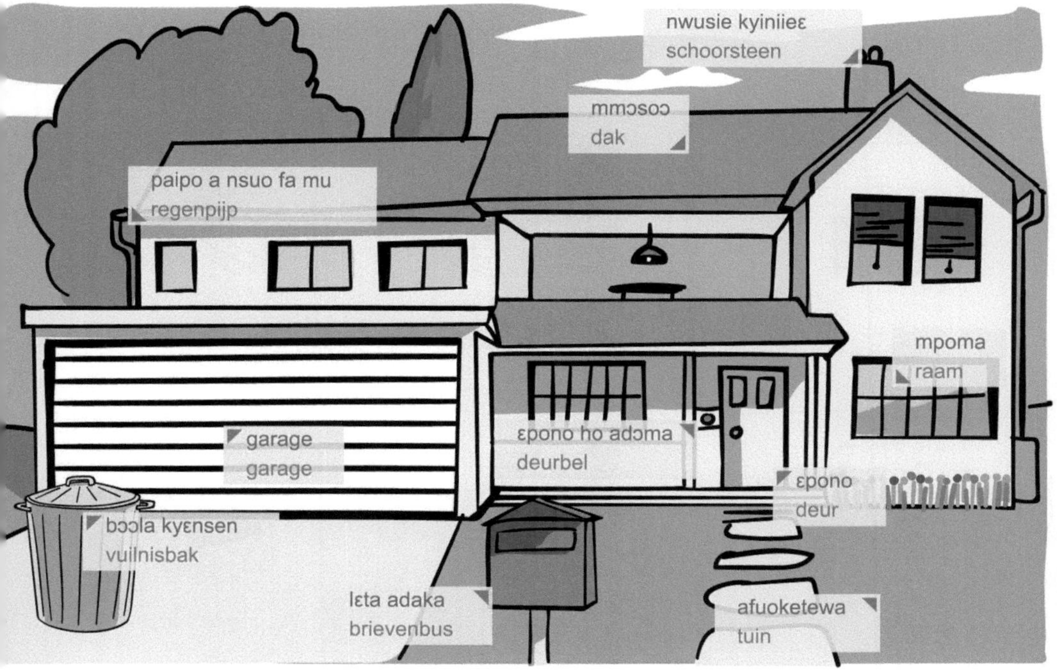
nwusie kyiniieɛ
schoorsteen
mmɔsoɔ
dak
paipo a nsuo fa mu
regenpijp
mpoma
raam
garage
garage
ɛpono ho adɔma
deurbel
ɛpono
deur
bɔɔla kyɛnsen
vuilnisbak
lɛta adaka
brievenbus
afuoketewa
tuin

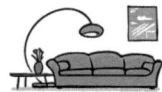

asaso

woonkamer

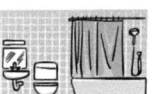

adwareɛ

badkamer

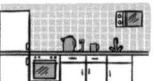

mukaase

keuken

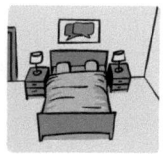

pie mu

slaapkamer

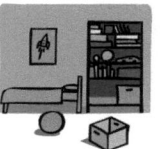

nkwadaa dan mu

kinderkamer

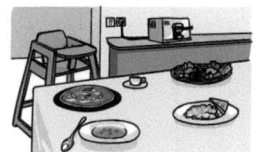

dan a yɛdidi mu

eetkamer

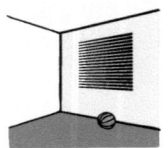

εfam

vloer

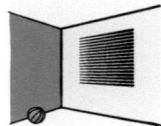

εban

muur

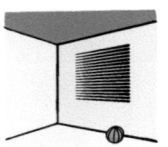

abruuso

plafond

danbloo

kelder

adwereε a εbɔ ɔhyew

sauna

abranaa

balkon

abranaaso

terras

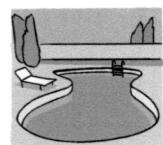

nsuo a yɛdware mu

zwembad

afidie a yɛde dɔ

grasmaaier

nsεfam

dekbedovertrek

ntoma a εse kεtε so

dekbed

mpa

bed

prayε

bezem

bokiti

emmer

dane

schakelaar

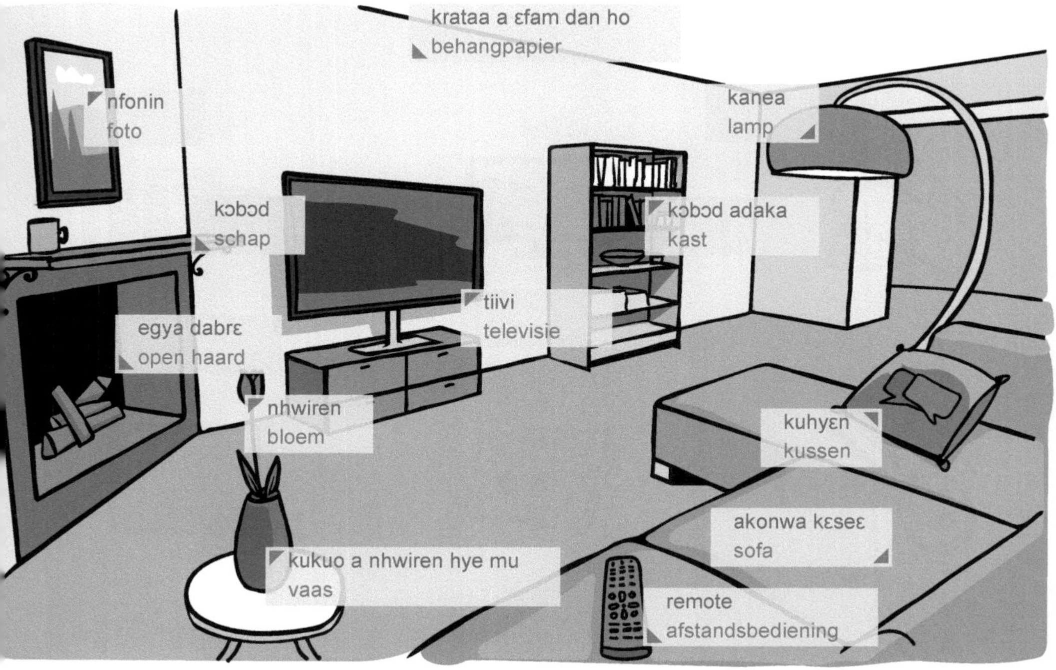

krataa a ɛfam dan ho
behangpapier

kanea
lamp

nfonin
foto

kɔbɔd
schap

kɔbɔd adaka
kast

egya dabrɛ
open haard

tiivi
televisie

nhwiren
bloem

kuhyɛn
kussen

akonwa kɛseɛ
sofa

kukuo a nhwiren hye mu
vaas

remote
afstandsbediening

kapɛte

mat

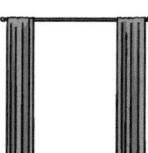

ntwaa dan mu

gordijn

ɛpono

tafel

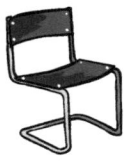

akonwa

stoel

akonwa a ehinhim

schommelstoel

akonwa a yɛgyegye dan

fauteuil

nwoma

boek

kuntu

deken

dan mu nsiesie

decoratie

egya

brandhout

sini

film

wailɛs

stereo-installatie

safoa

sleutel

koowaa krataa

krant

nfonin a y'adwi

schilderij

nfam danho

poster

radio

radio

krataa a yɛ twere mu

notitieboekje

afidie a ɛprapra

stofzuiger

kaktus

cactus

kyɛnere

kaars

mukaase
keuken

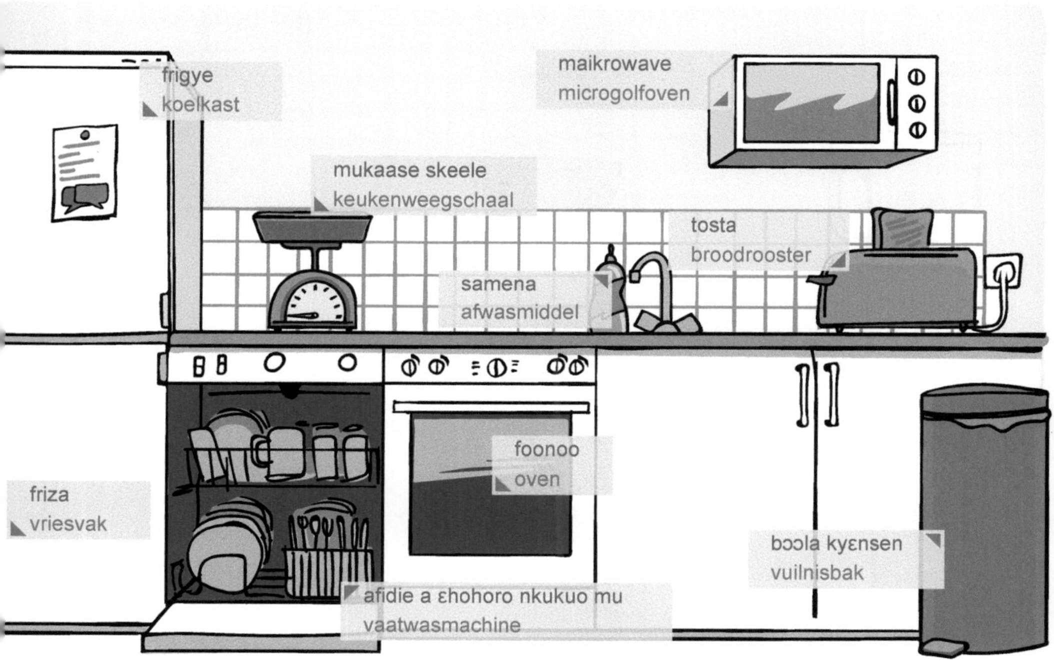

frigye
koelkast
maikrowave
microgolfoven
mukaase skeele
keukenweegschaal
tosta
broodrooster
samena
afwasmiddel
foonoo
oven
friza
vriesvak
bɔɔla kyɛnsen
vuilnisbak
afidie a ɛhohoro nkukuo mu
vaatwasmachine

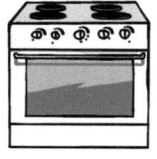

abɛɛfo bukyea

fornuis

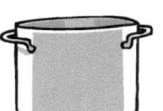

kokuo

pot

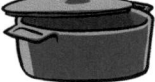

dadesɛn

gietijzeren pot

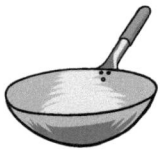

wok / kadai

wok / kadai

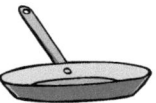

kyɛnsee

pan

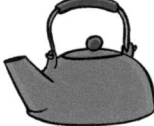

nsuo hyeɛ afidie

waterkoker

stiima

stoomkoker

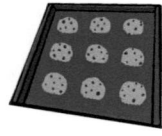

apa a yɛ to so adeɛ

bakplaat

prɛte, kuruwa, ntere ne nea
ɛkeka ho

servies

kuruwa a etumi bɔ

mok

kyɛnsee

kom

nnua a yɛde didi

eetstokjes

kwantre

pollepel

dua atere

spatel

yɛde nu adeɛ mu

garde

sɔneɛ

vergiet

fefe

zeef

greta

rasp

waduro

mortier

kyinkyinga

barbecue

bukyea

haardvuur

ɛpono a yɛ twitwaso adeɛ

snijplank

ɛta

deegrol

deɛ yɛtu nsa so

kurkentrekker

konko

blik

deɛ yɛde bue konko so

blikopener

yɛde sɔ kukuo mu

pannenlap

sink

gootsteen

brɔhye

borstel

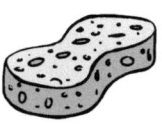

sapɔ

spons

aduane yam fidie

blender

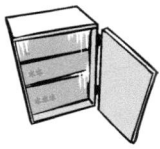

friza nini

vriezer

toa a abɔdoma nom ano

papfles

paipo

kraan

adwareɛ

badkamer

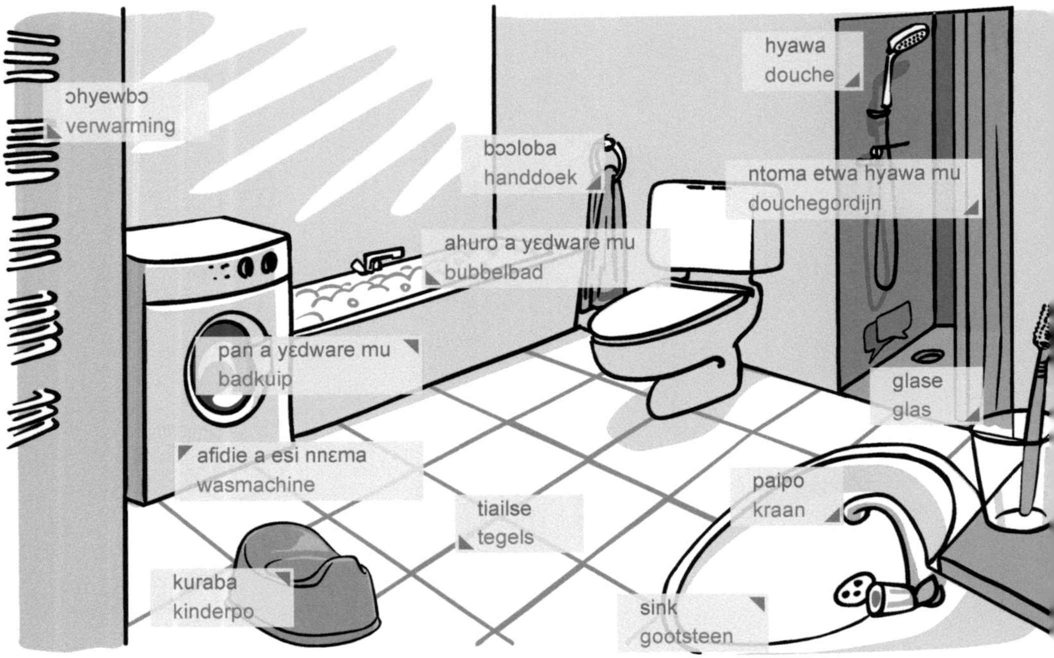

ɔhyewbɔ
verwarming
bɔɔloba
handdoek
hyawa
douche
ntoma etwa hyawa mu
douchegordijn
ahuro a yɛdware mu
bubbelbad
pan a yɛdware mu
badkuip
glase
glas
afidie a esi nnɛma
wasmachine
tiailse
tegels
paipo
kraan
kuraba
kinderpo
sink
gootsteen

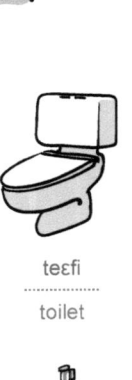

teɛfi

toilet

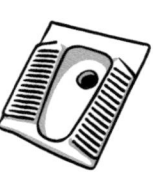

teɛfi a yɛ koto so

hurktoilet

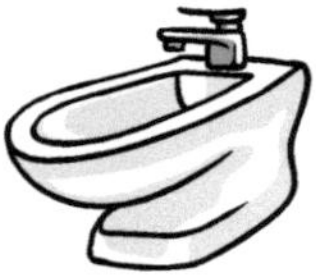

bidet teɛfi

bidet

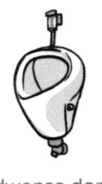

dwonsɔ dan

urinoir

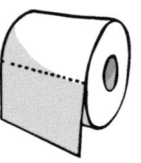

teɛfi so krataa

toiletpapier

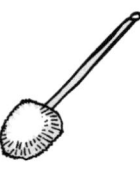

teɛfi so brɔhye

toiletborstel

brɔhye a yɛde twitwiri see

tandenborstel

aduro a yɛde twitwiri see

tandpasta

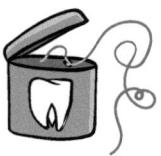

yɛde yiyi ɛsee mu

flosdraad

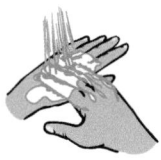

si

wassen

hyawa a yɛsɔ mu

handdouche

paipo a yɛde hohoro ananmu

bidethanddouche

bokiti

waskom

brɔhye a wode dware w'akyi

rugborstel

samena

zeep

hyawa samena

douchegel

nsuo samena

shampoo

flanɛl ntoma

washandje

baabi a nsu fa pue

afvoer

nku

crème

yɛde fefa amotoamu

deodorant

ahwehwɛ

spiegel

ahwehwɛ a yɛsɔ mu

handspiegel

bled

scheermes

ahuro a yɛde yi nwi

scheerschuim

aduro a yɛde fefa baabi a
wo ayi nwi

aftershave

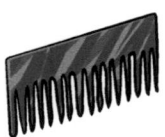

afen

kam

brɔhye

borstel

afidie a ɛwo nwi

haardroger

enwi sopre

haarlak

pɔns

make-up

lipstike

lippenstift

penti a yɛde mɔreɛ so

nagellak

asaawa

watten

apasɔɔ a etwa mmɔreɛ

nagelknipper

aduhwam

parfum

adwareɛ baage

toilettas

edwa

kruk

skele

weegschaal

adwereɛ ataadeɛ

badjas

rɔba a yɛde hyɛ nsa ho

latex handschoenen

tampon

tampon

abɛɛfo amonsen

maandverband

teɛfi a aduro gum

chemisch toilet

nkwadaa dan mu
kinderkamer

klɔk a ɛbɔ nkaeɛ
wekker
kyoobi
knuffel
toi kaa
speelgoedauto
akasaa
rammelaar
broniba dan
poppenhuis
seeseiara
geschenk

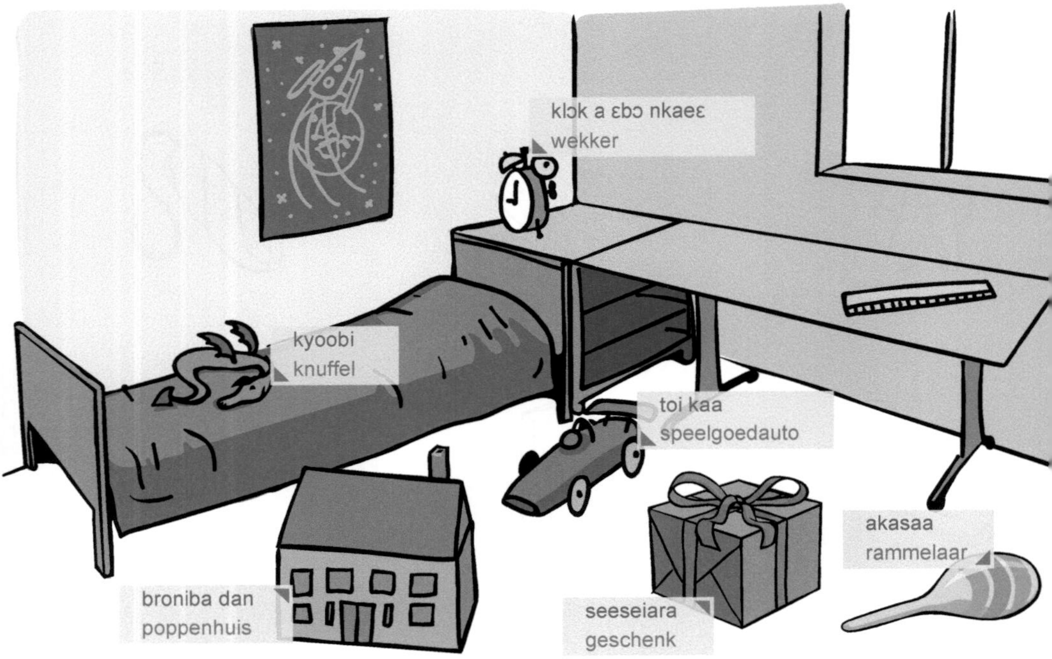

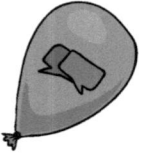

baaluu
ballon

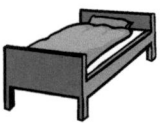

mpa
bed

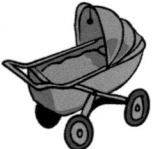

nkwadaa kaa
kinderwagen

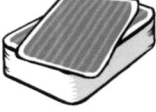

sopaa
spel kaarten

gyiksɔɔ
puzzel

SUPER MEGA

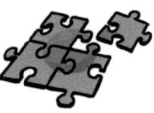

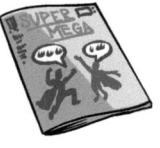

nsɛnkwa
stripboek

lego blɔg

legoblokjes

blɔg a yɛde si dan

blokken

nnipa ɔbɔhye

actiefiguur

abɔdoma ataadeɛ

kruippakje

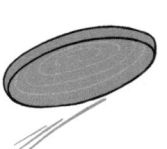

frisbee

frisbee

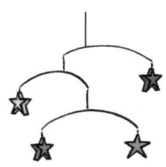

mobail

mobiel

ponoso agodie

bordspel

daahye

dobbelsteen

nkwadaa keteke

modelspoorweg

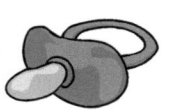

koliko

fopspeen

apontɔɔ

feest

nfonin nwoma

prentenboek

bɔɔlo

bal

broniba

pop

di agorɔ

spelen

anwea adaka

zandbak

adonko

schommel

tois

speelgoed

video agodie apaawa

spelconsole

sakre a ne nan mεnsa

driewieler

kyoobi

knuffelbeer

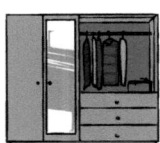

wɔdropo

kleerkast

ntaadeε
kleding

sɔks

sokken

stokens

kousen

sekentait

maillot

duku
sjaal

kyinieɛ
paraplu

bɛlɛte
riem

t-hyɛɛt
T-shirt

mpaboa
laarzen

kyalewate
slippers

kamboo
sneakers

asopatre
·················
sandalen

mpoboa
·················
schoenen

rɔba mpaboa
·················
rubberlaarzen

ɛtam
·················
onderbroek

bra
·················
beha

singlɛte
·················
onderhemd

nipadua

lichaam

trɔsa

broek

gyins

jeans

sekɛɛt

rok

ɛsoro ataadeɛ

blouse

hyɛɛte

hemd

nkatoho a ɛko awɔ

trui

hoodie

capuchontrui

koot

blazer

nkatasoɔ

jas

nkatasoɔ

jas

nsutɔ mu nkataho

regenjas

dwumadie bi ho ataadeɛ

kostuum

mmaa atadeɛ

jurk

ayefrɔ ataadeɛ

trouwjurk

kootu
pak

mmaa ataadeɛ a yɛde da
nachthemd

pigyamas ataadeɛ
pyjama

sari
sari

duku
hoofddoek

abotire
tulband

burka
boerka

kaftan
kaftan

nkramofoɔ mmaa atadeɛ
abaya

taadeɛ a yɛde dware nsuo
badpak

asenemu ataadeɛ
zwembroek

nika
short

agokansie ntaadeɛ
trainingspak

akatasoɔ
schort

nsa nkataho
handschoenen

ntaadeɛ - kleding

bɔtom

knoop

sopɛɛse

bril

ahwneɛ

armband

komadeɛ

ketting

kawa

ring

asomadeɛ

oorbel

ɛkyɛ

pet

yɛde koot sɛn so

kapstok

ɛkyɛ

hoed

abɔmene mu

das

zip

rits

ɛkyɛ denden

helm

bresis

bretellen

sukuu ataadeɛ

schooluniform

adwuma ataadeɛ

uniform

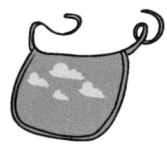

mmɔfra bib

slabbetje

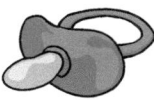

koliko

fopspeen

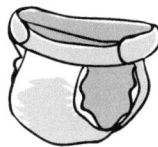

nkwadaa napken

luier

asoeɛ

kantoor

sɛɛva
server
kabenɛt
dossierkast
printa
printer
krataa
papier
monita
monitor
Maws
muis
ɛpono a yɛyɛ so adwuma
bureau
nhyemu
map
ntwerɛɛɛ pono
toestenbord
a yɛde krataa nwura gu mu
rmand
komputa
computer
akonwa
stoel

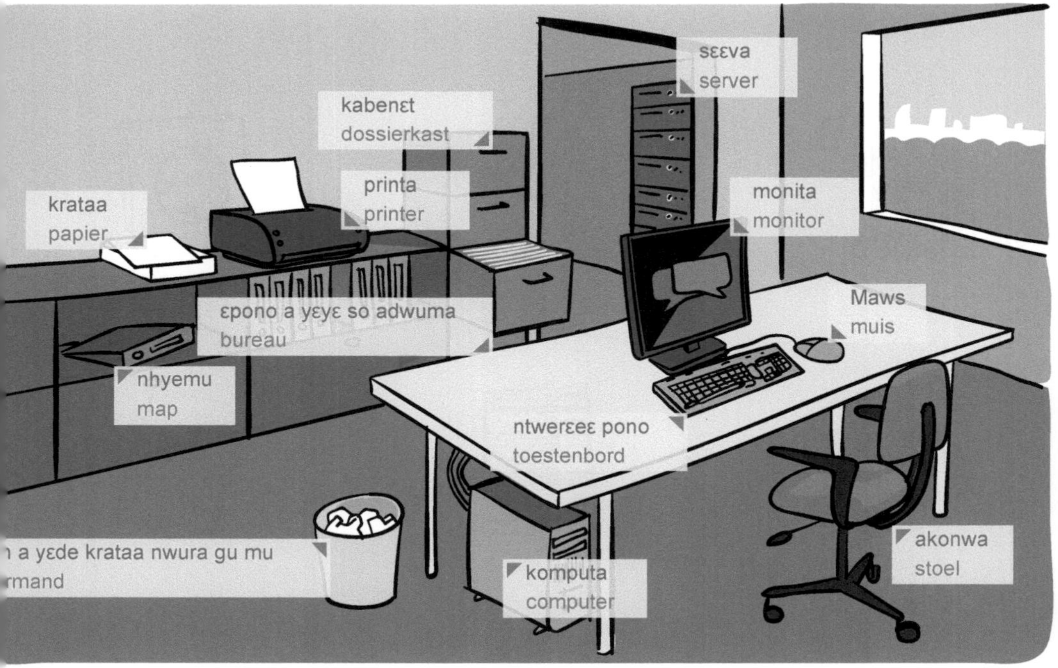

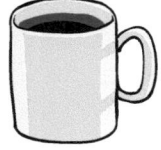

kɔfe kuruwa

koffiemok

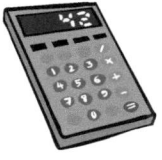

akontabuo fidie

rekenmachine

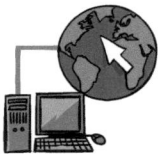

intanɛt

internet

laptop

laptop

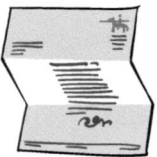

lɛta

brief

nkratɔɔ

bericht

mobail kasafidie

gsm

nɛtwɛke

netwerk

fotokɔpi

kopieerapparaat

softwɛɛ

software

tetefon

telefoon

sɔkɛt

stopcontact

faks afidie

fax

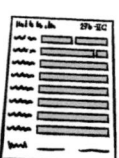

katraa

formulier

nkrataa

document

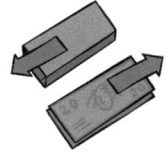

tɔ

kopen

tua

betalen

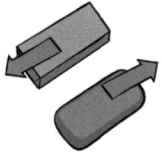

di dwa

handelen

sika

geld

dollar

dollar

euro

euro

yen

yen

rubel

roebel

Swiss franks

Zwitserse frank

renminbi yuan

Chinese renminbi

rupii

roepie

baabi yɛtua sika

geldautomaat

baabi a yɛ sesa sika

wisselkantoor

sika kɔkɔɔ

goud

dwetɛ

zilver

now

olie

ahooden

energie

ne boɔ

prijs

kontragye

contract

ɛtoɔ

belasting

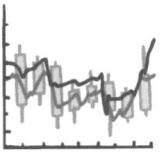

stɔk

aandeel

adwuma

werken

adwumayɛni

werknemer

adwumawura

werkgever

mfididwuma mu

fabriek

sotɔɔ

winkel

polisini
politieagent

odumgya adwumayɛni
brandweerman

kuku
kok

dɔkota
dokter

obi a otwi wiemhyɛn
piloot

ɔyɛ afuo
....
tuinman

dua dwomfoɔ
....
timmerman

adepani baa
....
naaister

atɛnmuafoɔ
....
rechter

ɔtɔn nnuro
....
chemicus

sini yɛfoɔ
....
acteur

bɔs drɔba

buschauffeur

taisi drɔba

taxichauffeur

ɔpofoɔ

visser

ɔbaa a osiesie fie

schoonmaakster

ɔbɔdanso

dakdekker

ɔsom adidiɛ

ober

bɔmɔfoɔ

jager

penta

schilder

ɔto paano

bakker

ɔyɛ nkaneɛ ho adwuma

elektricien

ɔdansifoɔ

bouwvakker

inginia

ingenieur

ɔdwa nam

slager

plɔmba

loodgieter

krataa manefoɔ

postbode

sogyani

soldaat

ɔdwi adan

architect

ɔgyegye sika

kassier

ɔtɔn nhwiren

bloemist

ɔyɛ tire

kapper

meeti

conducteur

fitani

mecanicien

nnipa a otwi suhyɛn

kapitein

ɛsee dɔkota

tandarts

abɔdeɛ mu nimdefoɔ

wetenschapper

rabi

rabbijn

kramo panin

imam

ɔsɔfo

monnik

osɔfo

geestelijke

anwenade
werktuigen

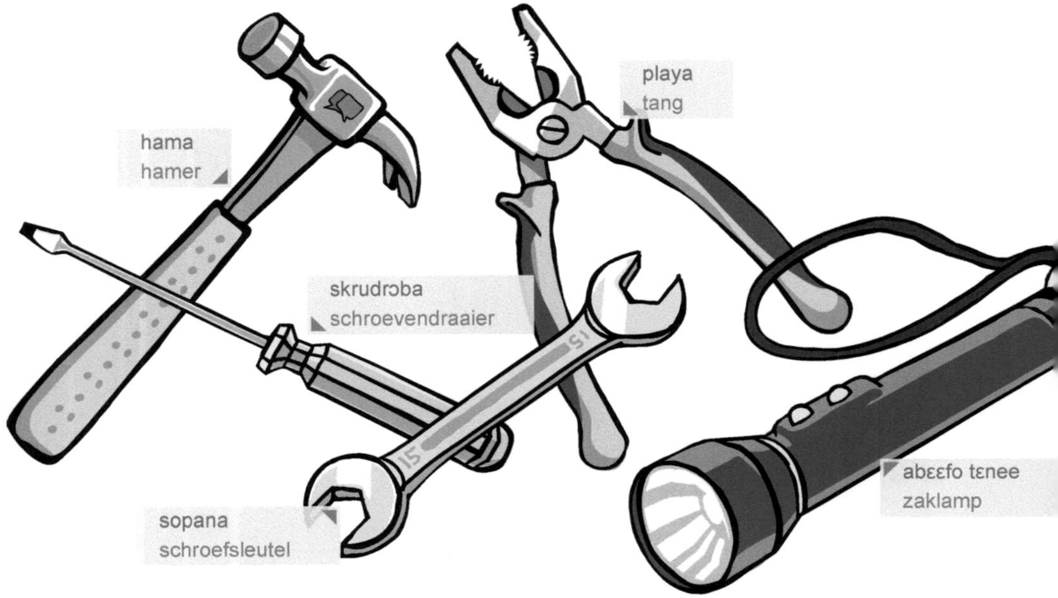

hama
hamer
playa
tang
skrudrɔba
schroevendraaier
abɛɛfo tɛnee
zaklamp
sopana
schroefsleutel

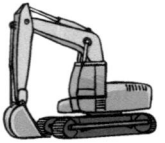

otu amena

graafmachine

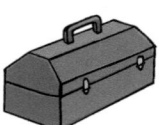

anwenade adaka

gereedschapskoffer

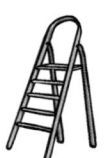

atwedeɛ

ladder

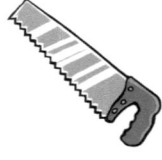

asradaa

zaag

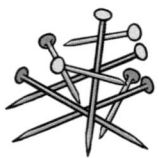

nnadewa

spijkers

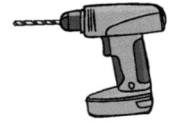

afidie a yɛde bɔne tokro

boormachine

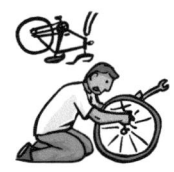

siesie

repareren

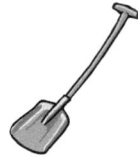

sofi

schop

Ebei!

Verdomme!

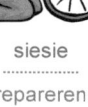

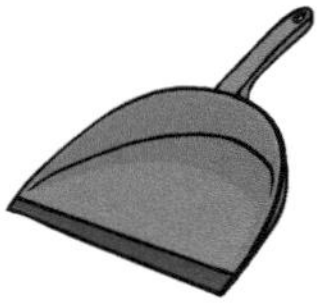

asanwura

blik

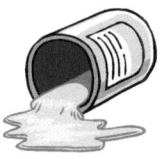

penti kukuo

verfpot

skruu

schroeven

nneɛma a yɛde bɔ nwom
muziekinstrumenten

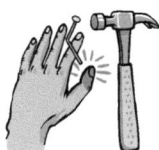

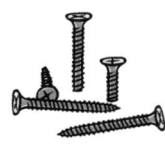

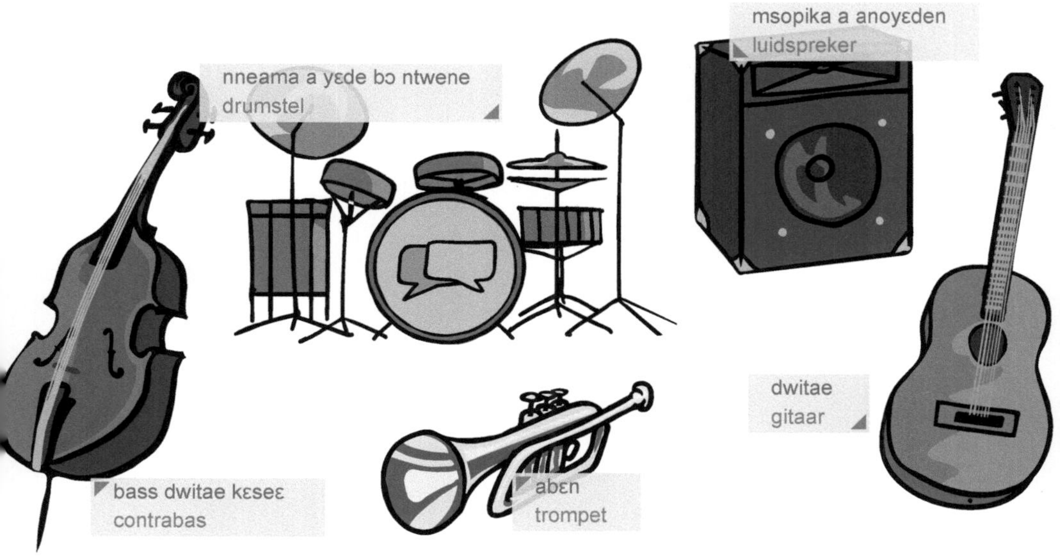
msopika a anoyɛden
luidspreker
nneama a yɛde bɔ ntwene
drumstel
dwitae
gitaar
bass dwitae kɛseɛ
contrabas
abɛn
trompet

sankuo

piano

ahoma sankuo

viool

bass dwitae

basgitaar

atumpan

pauk

ntwene

trommels

ntwerɛeɛ apa

keyboard

saksofon

saxofoon

atentenbɛn

fluit

maikrofon

microfoon

ɛpono ano
ingang

cɛbɔ
tijger

mmoa dan
kooi

zebra
zebra

mmoa aduane
diereneten

panda
panda

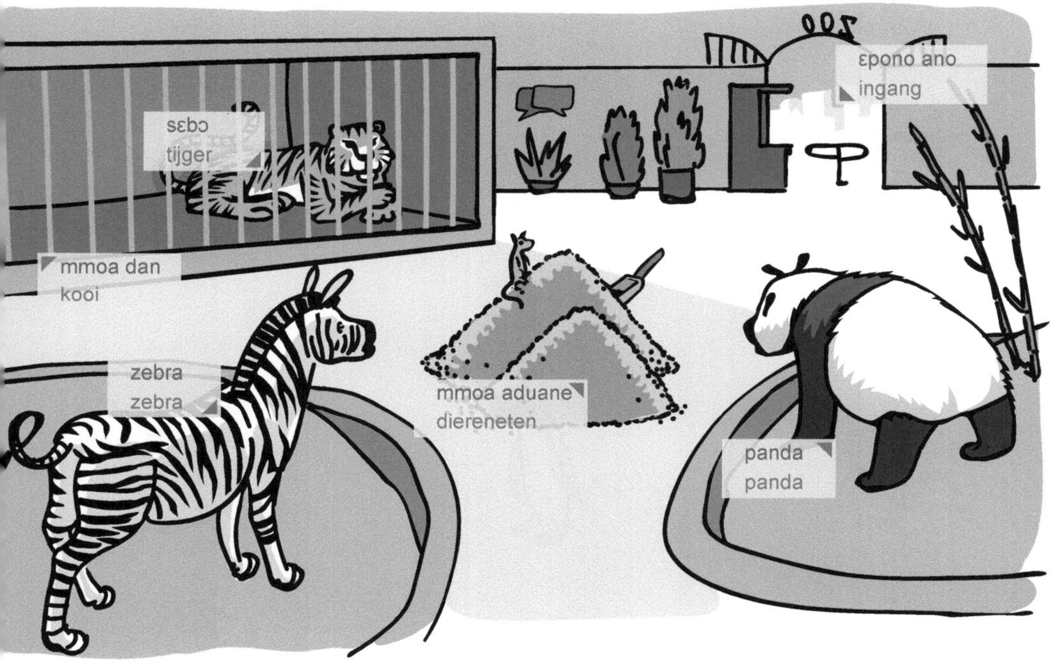

mmoa

dieren

ɔsono

olifant

kangaru

kangoeroe

raino

neushoorn

akatea

gorilla

sisire

beer

afunuponko

kameel

sohori

struisvogel

gyata

leeuw

adwee

aap

flamingo

flamingo

ako

papegaai

awɔ mu sisire

ijsbeer

penguin

pinguïn

oboodede

haai

akɔkonini abankwa

pauw

wɔwɔ

slang

dɛnkyɛm

krokodil

nnipa ɛhwɛ zoo so

dierenverzorger

nsuo mu gyata

zeehond

sebɔ

jaguar

pɔnkɔ ba

pony

etwie

luipaard

susuono

nijlpaard

kontenten

giraffe

ɔkɔdeɛ

adelaar

kɔkɔte

wild zwijn

apataa

vis

sudandan

zeeschildpad

walrus

walrus

sakraman

vos

ɔtwee

gazelle

Amerikafoɔ futbɔɔlo
rugby

skre twie
wielrennen

tennis
tennis

basketbɔɔlo
basketbal

nsuom adwareɛ
zwemmen

akutruku
boksen

asukɔkyea so hɔki
ijshockey

futbɔl
voetbal

badmintin
badminton

mirikatuo
atletiek

bɔɔlo a yɛde nsa bɔ
handbal

skii
skiën

polo
polo

sere
lachen

huri
springen

bam
knuffelen

nante
wandelen

to dwom
zingen

so daeɛ
dromen

bɔ mpaeɛ
bidden

fe ano
kussen

twerɛ	dwi	kyerɛ
schrijven	tekenen	tonen

pia	ma	fa
duwen	geven	nemen

nya

hebben

yɛ

doen

yɛ

zijn

gyina

staan

tu mirika

lopen

twe

trekken

to

gooien

tɔ fam

vallen

da hɔ

liggen

twɛn

wachten

soa

dragen

tenase

zitten

hyɛ ataadeɛ

aankleden

da

slapen

nyane

ontwaken

hwɛ

kijken naar

su

wenen

san ho

aaien

nunum

kammen

kasa

praten

te aseɛ

begrijpen

bisa

vragen

tie

luisteren

nom

drinken

didi

eten

yɛ nsiesie

opruimen

ɔdɔ

houden van

noa

koken

twi

rijden

tu

vliegen

fa nsuo so

zeilen

sese

rekenen

kenkan

Lezen

sua

leren

adwuma

werken

ware

trouwen

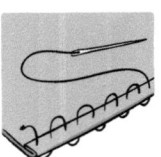

pam

naaien

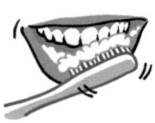

twitwiri wo se

tandenpoetsen

kum

doden

nom gyɔt

roken

mane

sturen

abusua

familie

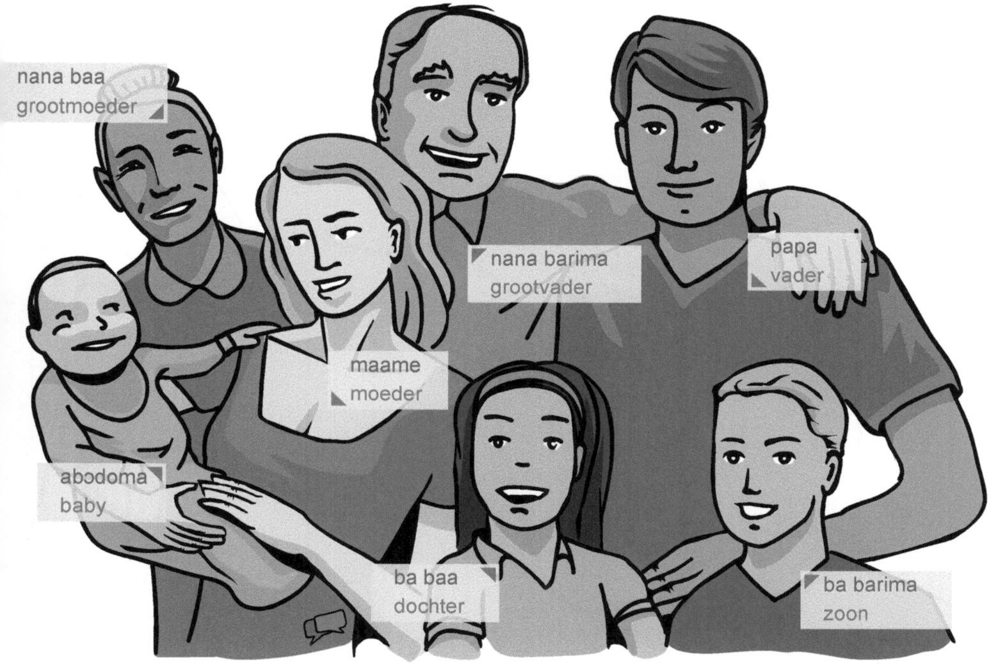
nana baa
grootmoeder
nana barima
grootvader
papa
vader
maame
moeder
abɔdoma
baby
ba baa
dochter
ba barima
zoon

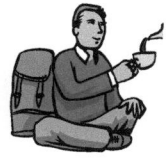

ɔhɔhoɔ

gast

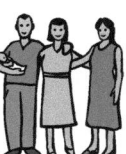

sewaa

tante

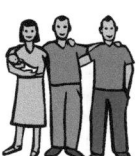

wɔfa

oom

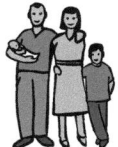

nua barima

broer

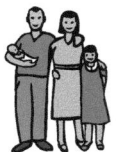

nua baa

zus

nipadua
lichaam

moma
voorhoofd
ani
oog
abɛtire
schouder
nsatea
vinger
anim
gezicht
apantan
kin
nsa
hand
ɛnan
been
nufoɔ
borst
nsa
arm

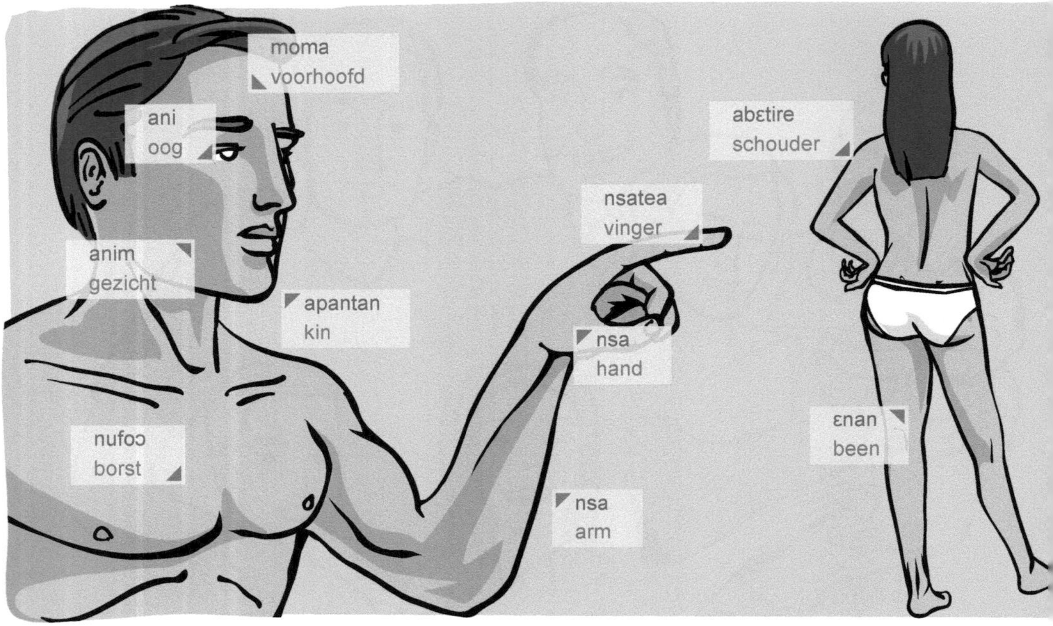

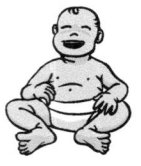

abɔdoma
baby

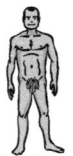

barima
man

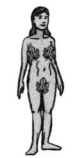

ɔbaa
vrouw

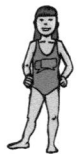

abayewa
meisje

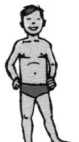

abarimawa
jongen

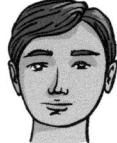

etire
hoofd

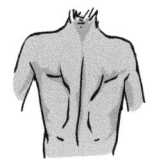

akyi
rug

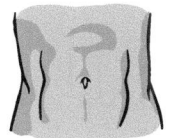

afro
buik

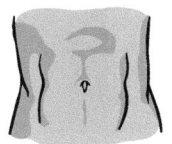

fruma
navel

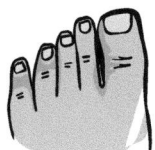

nansoa
teen

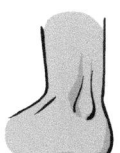

nantini
hiel

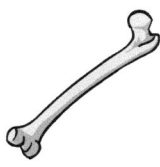

dompe
bot

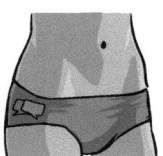

ataasɔɔ
heup

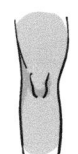

kotodwe
knie

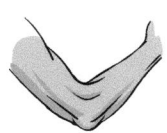

abatwɛ
elleboog

ɛhwene
neus

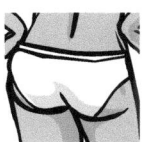

ɛtoɔ
zitvlak

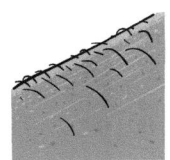

wedeɛ
huid

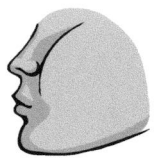

afono
wang

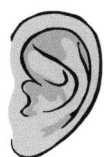

aso
oor

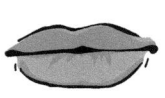

ano
lip

nipadua - lichaam

anom

mond

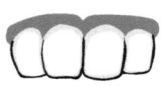

ɛsee

tand

tɛkyerɛma

tong

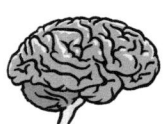

adwene

hersenen

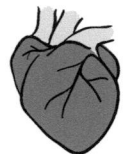

akoma

hart

ntini

spier

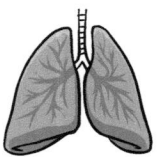

aharawa

long

brɛboɔ

lever

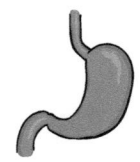

yafunu

maag

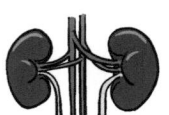

asaa

nieren

nna

seks

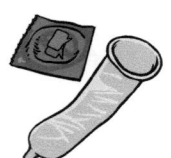

kɔndɔm

condoom

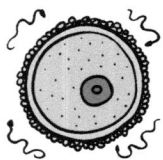

ɔbaa nkosua

eicel

barima ho nsuo

sperma

nyinsɛn

zwangerschap

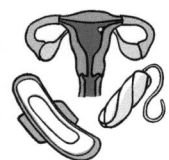

nsabuo

menstruatie

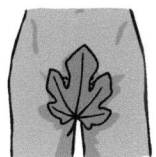

ɛtwɛ

vagina

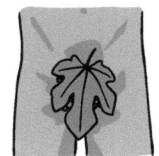

kɔteɛ

penis

anintɔn

wenkbrauw

enwin

haar

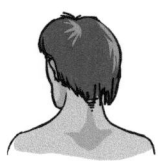

ɛkɔn

nek

ayaresabea
ziekenhuis

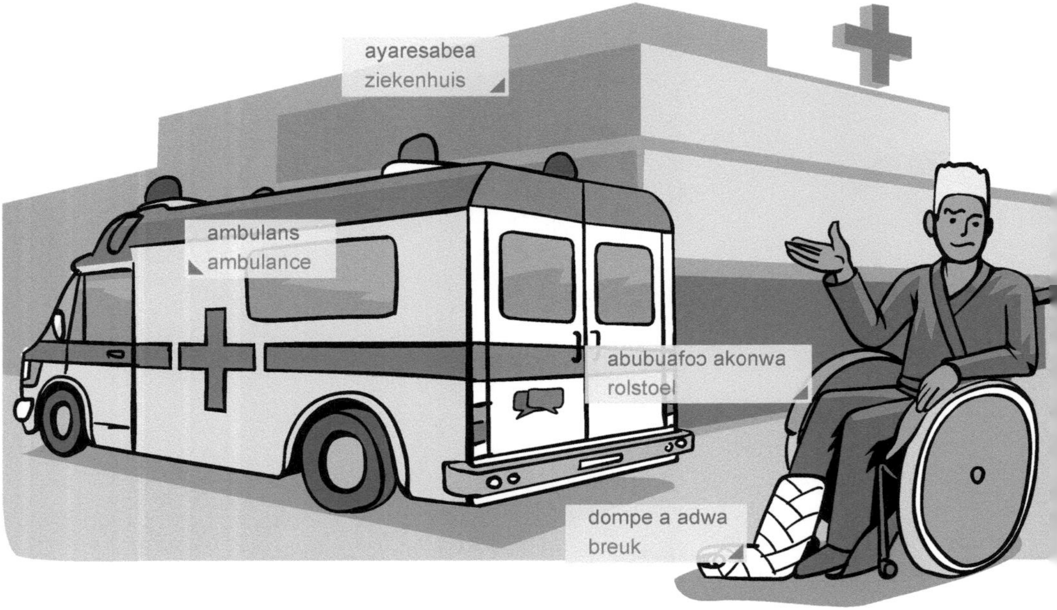

ayaresabea
ziekenhuis
ambulans
ambulance
abubuafoɔ akonwa
rolstoel
dompe a adwa
breuk

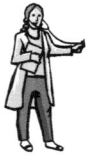

dɔkota

dokter

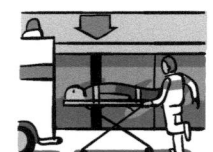

ɛdan a wɔde putupru nsɛm kɔmu

spoed

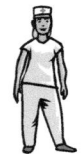

nɛɛse

verpleegkundige

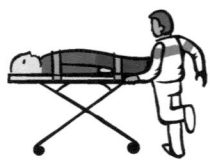

putupru

noodgeval

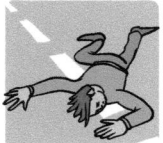

wɔ atwa ahwe

bewusteloos

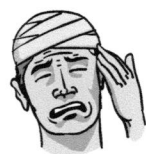

yea

pijn

epira

verwonding

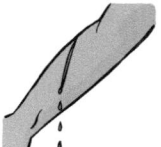

mogyatuo

bloeding

akoma yarenini

hartaanval

stroke yareɛ

beroerte

allegyi

allergie

ɛwa

hoest

ahoɔhyeɛ

koorts

papu

griep

ayamtuo

diarree

tipaeɛ

hoofdpijn

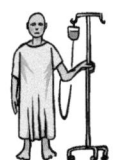

kokoram

kanker

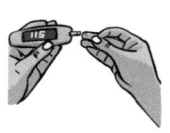

asikyire yareɛ

diabetes

dɔkota a ɛyɛ oprehyɛn

chirurg

skapɛl sekan

scalpel

aprehyɛn

operatie

CT

CT

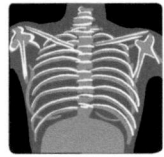

x-ray

röntgenstraal

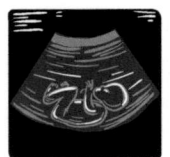

ultrasound

ultrageluid

nkatanim

gezichtsmasker

yareε

ziekte

εdan a wɔ twεn mu

wachtkamer

krɔhyes

kruk

plasta

pleister

banege

verband

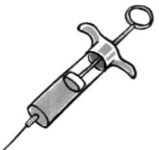

paneε

injectie

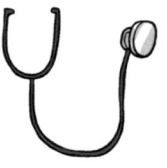

Stetoskop

stethoscoop

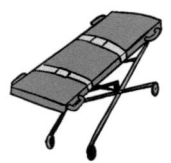

ahomankaa

brancard

afidie a esusu ahoɔhyeε

thermometer

awoɔ

geboorte

kεseε mmorosoɔ

overgewicht

afidie a ɛboa asɛmtie

hoorapparaat

aduro a ekum mmoawa

ontsmettingsmiddel

yareɛ a mmoawa deba

infectie

vaarɔs

virus

HIV / AIDS

HIV / AIDS

aduro

medicijn

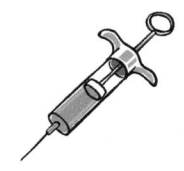

aduro a esi yareɛ ano

vaccinatie

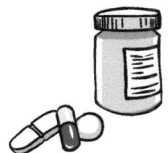

aduro tablɛte

tabletten

topaeɛ

pil

ɔfrɛ wɔ putupru so

noodoproep

afidie a esusu mogya
mmrosoɔ

bloeddrukmeter

yareɛ / apomuden

ziek / gezond

Boa me!

Help!

kɔkɔbɔ

alarm

ɛborɔ

overval

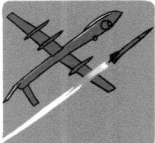

ato ahyɛ obi so

aanval

ɛyɛ hu

gevaar

baabi a yɛfa de pue putupru so

nooduitgang

Ogya!

Brand!

afidie a yɛde dumgya

brandblusser

nkwanhyia

ongeval

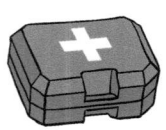

nneɛma yɛde sɔ yareɛ ano

EHBO-kit

SOS

SOS

polisi

politie

Yuropo

Europa

Amerika atifi

Noord-Amerika

Amerika ananfoɔ

Zuid-Amerika

Abiberm

Afrika

Asia

Azië

Australia

Australië

Atlantik

Atlantische Oceaan

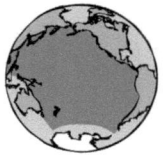

Pasifek

Stille Oceaan

India po kɛseɛ

Indische Oceaan

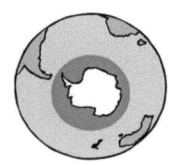

Antaatek po keseɛ

Antarctische Oceaan

Aatek po kɛseɛ

Arctische Oceaan

Ewiase atifi

Noordpool

Ewiase anaafoɔ
Zuidpool

Antaatek
Antarctica

Ewiase
aarde

asaase
land

ɛpo
zee

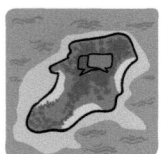

supɔ
eiland

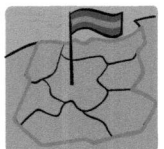

ɔman
natie

ɔman
staat

klɔko no anim

wijzerplaat

dɔnhwere nsa no

uurwijzer

sima nsa

minuutwijzer

anitɛtɛ nsa no

secondewijzer

Abɔ sɛn?

Hoe laat is het?

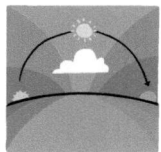

da

dag

berɛ

tijd

seeseiara

nu

wkye a nɔma wɔ so

digitale horloge

sima

minuut

dɔnhwere

uur

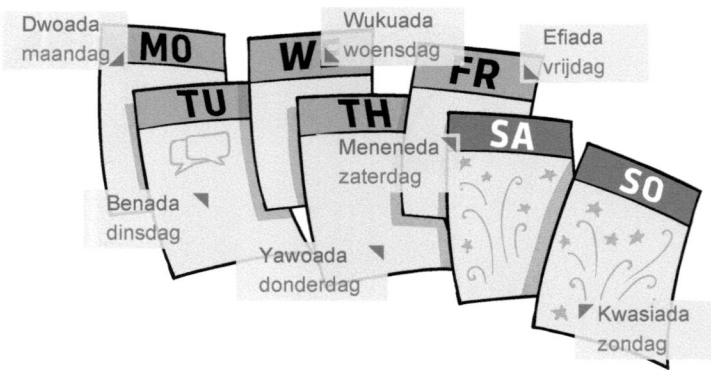

Dwoada / maandag — MO
Wukuada / woensdag — W
Efiada / vrijdag — FR
TU
TH
Meneneda / zaterdag — SA
Benada / dinsdag
Yawoada / donderdag
SO
Kwasiada / zondag

ɛnora

gisteren

ɛnora

vandaag

ɔkyina

morgen

anɔpa

ochtend

prɛmtobrɛ

middag

anwumerɛ

avond

adwuma nna

werkdagen

nnawɔtwe awieɛ

weekend

afe

jaar

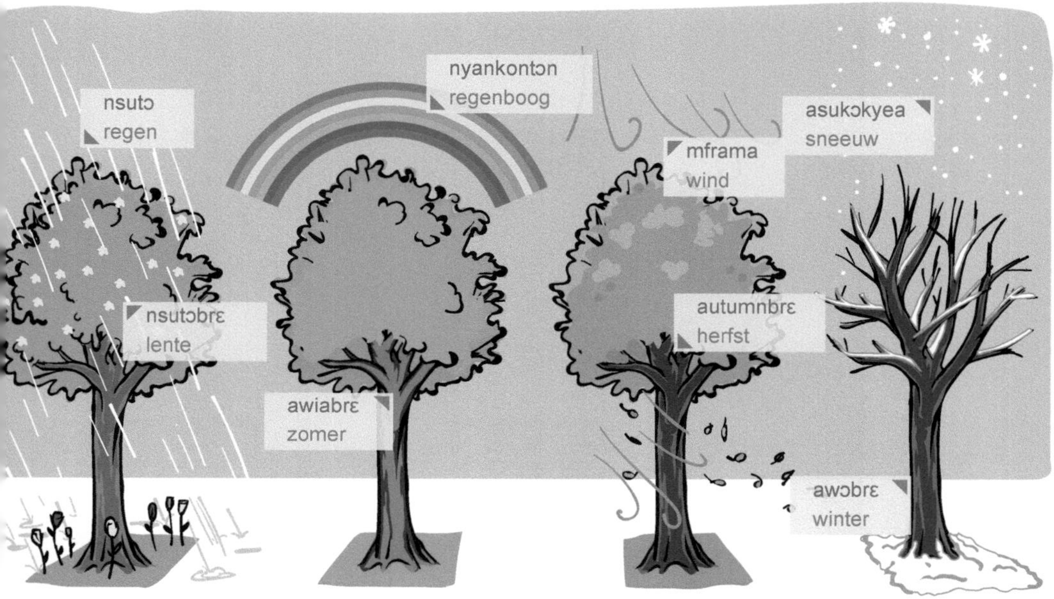

nsutɔ
regen
nyankontɔn
regenboog
asukɔkyea
sneeuw
mframa
wind
nsutɔbrɛ
lente
autumnbrɛ
herfst
awiabrɛ
zomer
awɔbrɛ
winter

4.APRIL 11°
5.APRIL 4°
6.APRIL 13°
7.APRIL 8°
8.APRIL 10°

ewiem nsakrɛɛɛ

weervoorspelling

F
C
40
120
30
90
20
60
10
30
0
0
-10
-30
-20

afidie a esusu ade ho hyeɛ

thermometer

awiabɔ

zonneschijn

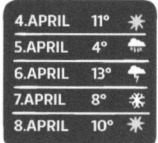

munukum

wolk

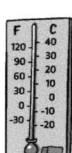

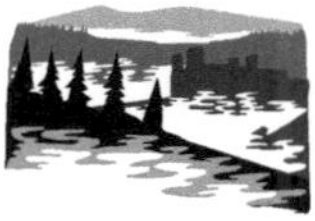

ɛbɔ

mist

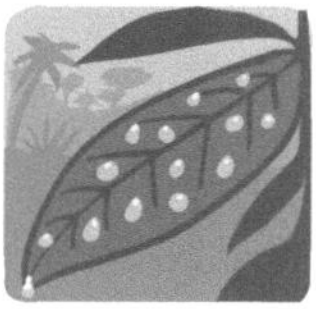

ewiem nsuo

vochtigheid

ayerɛmo

bliksem

apranaa

donder

ehum

storm

asukɔkyea

hagel

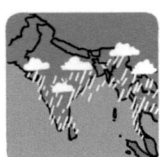

monsoonbrɛ

moesson

nsuyiri

overstroming

aise

ijs

ɔpɛpɔn

januari

ɔgyefoɔ

februari

ɔbɛnem

maart

Oforisuo

april

Kotonimaa

mei

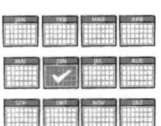

Ayɛwohomumu

juni

Kitawonsa

juli

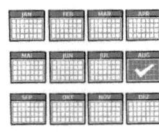

ɔsanaa

augustus

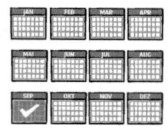

εbɔ
....
september

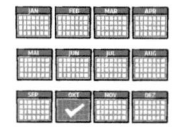

Ahinime
....
oktober

Obubuo
....
november

ɔpɛnimaa
....
december

abosuo

vormen

kanko
....
cirkel

sokwɛɛ
....
kwadraat

rɛktangel
....
rechthoek

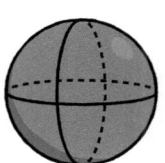

triangel
....
driehoek

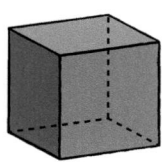

krukruwa
....
bol

adaka
....
kubus

fitaa

wit

akokɔ sradeɛ

geel

ankaa

oranje

pink

roze

kɔkɔɔ

rood

pɛpol

paars

bruu

blauw

ahaban mono

groen

braun

bruin

nson

grijs

tuntum

zwart

pii / ketewa

veel / weinig

wo boafu / wɔ adwo

boos / kalm

ɛyɛ fɛ / ɛyɛ tan

mooi / lelijk

ahyɛseɛ / awieɛ

begin / einde

kɛseɛ / esua

groot / klein

ɛha / esum

licht / donker

nuabarima / nuabaa

broer / zus

ɛho te / ayɛ fin

proper / vuil

awie / enwieɛ

volledig / onvolledig

awia / anadwo

dag / nacht

awu / ɛte ase

dood / levend

emubae / ɛyɛ tea

breed / smal

yɛde /yɛnni

eetbaar / oneetbaar

bɔne / tema

kwaadaardig / vriendelijk

wɔ aniagye / wɔ ani nka

opgewonden / verveeld

ɔso / teatea

dik / dun

edikan / etwatoɔ

eerst / laatst

adamfoɔ / atamfo

vriend / vijand

ayɛ mma / hwee nim

vol / leeg

ɛdenden / mmerɛ mmerɛ

hard / zacht

ɛyɛ duru / ɛyɛ ha

zwaar / licht

ɛkɔm / nsukɔm

honger / dorst

yareɛ / apomuden

ziek / gezond

etia mmara / ɛwɔ mmara mu

illegaal / legaal

nyansa / gyimi

intelligent / dom

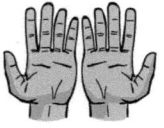

benkum / nifa

links / rechts

ɛbɛn / akyire

dichtbij / veraf

foforɔ / dada

nieuw / gebruikt

hwee / biribi

niets / iets

wɔ anyini/ ɔsua

oud / jong

sɔ /dum

aan / uit

bue / tom

open / dicht

dinn / dede

stil / luid

ɔdefoɔ / ohia

rijk / arm

nifa / benkum

juist / fout

werewerɛwerewerɛ / trontron

ruw / glad

awerɛhoɔ / anigyeɛ

droevig / blij

tietia / tenten

kort / lang

nyaa / ntɛm

traag / snel

afɔ / awɔ

nat / droog

dedɛɛdeɛɛ / adwo

warm / koud

akoo / asomdweɛ

oorlog / vrede

0

hwee

nul

1

baako

één

2

mienu

twee

3

meɛnsa

drie

4

ɛnan

vier

5

enum

vijf

6

nsia

zes

7

nson

zeven

8

nwɔtwe

acht

9

nkron

negen

10

edu

tien

11

du-baako

elf

12
du-mienu

twaalf

13
du-meɛnsa

dertien

14
du-nan

veertien

15
du-num

vijftien

16
du-nsia

zestien

17
de-nson

zeventien

18
du-nwɔtwe

achtien

19
du-nkron

negentien

20
aduonu

twintig

100
ɔha

honderd

1.000
apem

duizend

1.000.000
ɔpepem

miljoen

Brɔfo

Engels

Amerikafoɔ Brɔfo

Amerikaans Engels

Chainfoɔ Mandarin

Chinees (Mandarijn)

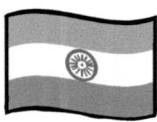

Hindi

Hindi

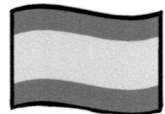

Spainfoɔ kasa

Spaans

French kasa

Frans

Arabia kasa

Arabisch

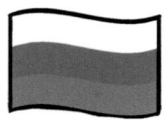

Russianfoɔ kasa

Russisch

Portugalfoɔ kasa

Portugees

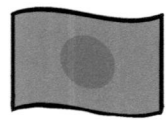

Bengali

Bengali

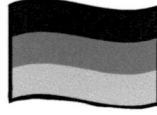

Germanfoɔ kasa

Duits

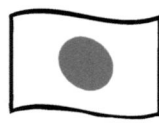

Japanfoɔ kasa

Japans

Me

ik

wo

u

ono

hij / zij / het

yɛn

wij

wo

u

ɔmmo

ze

hwan?

wie?

deɛ bɛn?

wat?

ɛyɛ deen?

hoe?

ehen?

waar?

dabɛn?

wanneer?

edin

naam

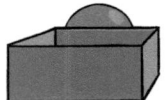

akyire

achter

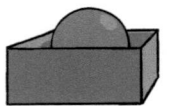

emu

in

anim

voor

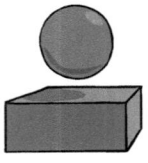

ɛsoro

boven

ɛso

op

aseɛ

onder

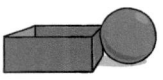

nkyɛn

naast

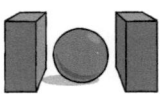

ntɛm

tussen

beaɛ

plaats